Impressum
Verlag: BABADADA GmbH, Nedderfeld 112 , 22529 Hamburg
Geschäftsführer / Verlagsleitung: Harald Hof
Druck: Books on Demand GmbH, In de Tarpen 42, 22848 Norderstedt

Imprint
Publisher: BABADADA GmbH, Nedderfeld 112 , 22529 Hamburg, Germany
Managing Director / Publishing direction: Harald Hof
Print: Books on Demand GmbH, In de Tarpen 42, 22848 Norderstedt

1

បន្ទប់រៀន
la salle de classe

ចែក
diviser

186/2

ក្តារ
le tableau noir

ទីធ្លាសាលារៀន
la cour (de récréation)

គ្រូបង្រៀន
le professeur

ក្រដាស
le papier

សរសេរ
écrire

បិក
le stylo

តុការិយាល័យ
le bureau

បន្ទាត់
la règle

សៀវភៅ
le livre

កូនសិស្ស
l'élève

សមុតរៀនសូបកែ

le cartable

ប្រអប់ដាក់ខ្មៅទៅដៃ

la trousse

ខ្មៅទៅដៃ

le crayon

ប្រដាប់ខ្ចងខ្មៅទៅដៃ

le taille-crayon

ដឹរលុប

la gomme

ផ្គុំទាំងគំនូរ

le carnet à dessin

គំនូរ

le dessin

ជក់ត្តួ

le pinceau

ប្រអប់ថ្នាំលាប

la boîte de peinture

កន្ត្រៃ

les ciseaux

កាបិទ

la colle

សៀវភៅលំហាត់

le cahier d'exercices

កិច្ចការផ្ទះ៖

les devoirs

លេខ

le chiffre

 បូក

additionner

ដក

soustraire

គុណ

multiplier

គណនា

calculer

លិខិត

la lettre

អក្ខរក្រម

l'alphabet

hello

ពាក្យ

le mot

អត្ថបទ

le texte

អាន

lire

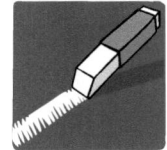

ដីស

la craie

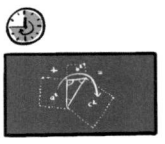

មេរៀន

la leçon

ចុះឈ្មោះ

le livre de classe

ការប្រលង

l'examen

វិញ្ញាបនបត្រ

le certificat

ឯកសណ្ឋានសាលា

l'uniforme scolaire

ការអប់រំ

la formation

សព្វវចនាធិប្បាយ

le lexique

សាកលវិទ្យាល័យ

l'université

មីក្រូទស្សន៍

le microscope

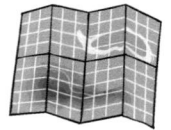

ផែនទី

la carte

កន្ត្រកដាក់សំរាមក្រដាស

la corbeille à papier

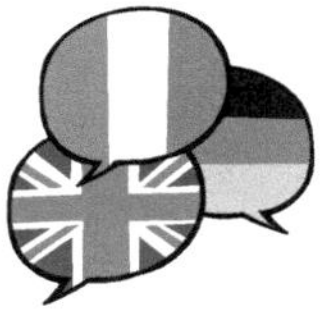

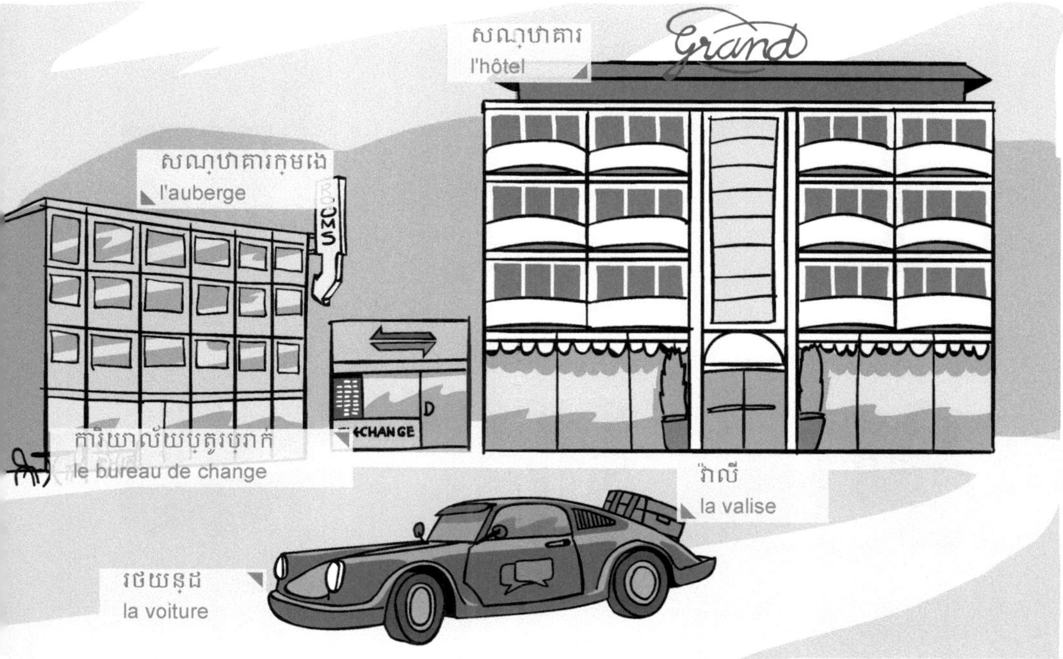
សណ្ឋាគារ
l'hôtel
Grand
សណ្ឋាគារក្មេង
l'auberge
ROOMS
ÉCHANGE
ការិយាល័យប្តូរប្រាក់
le bureau de change
វ៉ាលី
la valise
រថយន្ដ
la voiture

ភាសា

la langue

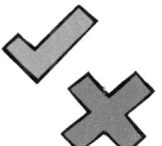

បាទ / ទេ

oui / non

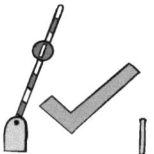

យល់ព្រម

d'accord

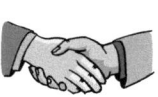

សាយ័ន្តសួស្តី!

Salut

អ្នកបកប្រែ

l'interprète

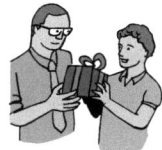

សូមអរគុណ

merci

ថ្លៃប៉ុន្មាន... ?

Combien coûte...?

ខ្ញុំមិនយល់

Je ne comprends pas

បញ្ហា

le problème

ទិវាសួស្តី!

Bonsoir !

អរុណសួស្តី

Bonjour !

រាត្រីសួស្ដី!

Bonne nuit !

លាហើយ

Au revoir

ទិសដៅ

la direction

អីវ៉ាន់

les bagages

កាបូប

le sac

កាបូបស្ពាយកុរពោយ

le sac-à-dos

ភ្ញៀវ

l'hôte

បន្ទប់

la pièce

ថង់ដេក

le sac de couchage

តង់

la tente

ព័ត៌មានទេសចរណ៍

l'office de tourisme

ឆ្នេរ

la plage

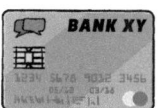

កាតឥណទាន

la carte de crédit

អាហារពេលព្រឹក

le petit-déjeuner

អាហារថ្ងៃត្រង់

le déjeuner

អាហារពេលល្ងាច

le dîner

សំបុត្រ

le billet

ជណ្តើរយេន្ត

l'ascenseur

តឹក

le timbre

ព្រំដែន

la frontière

គយ

la douane

ស្ថានទូត

l'ambassade

ទិដ្ឋាការ

le visa

លិខិតឆ្លងដែន

le passeport

le transport

យន្តហោះ
l'avion

កប៉ាល់
le navire

ម៉ាស៊ីនភ្លើងឆេះ
le véhicule de pompiers

រថយន្តដឹកទំនិញ
le camion

រថយន្តដឹកក្រុង
le bus

ណូត
bateau à moteur

រថយន្ត
la voiture

ជិះកង់
la bicyclette

សាឡាង
le ferry

ទូក
la barque

ម៉ូតូ
la moto

រថយន្តប៉ូលិស
la voiture de police

រថយន្តបុរណាំង
la voiture de course

រថយន្តជួល
la voiture de location

ការចែករំលែករថយន្ត

l'auto-partage

ឡានសុទ្ទច

la voiture de remorquage

ឡានបុម្មេលសំរាម

la benne à ordures

ម៉ូតូ

le moteur

បុរេងឥន្ធនៈ

l'essence

ស្ថានីយបុរេង

la station d'essence

សូលាកសញ្ញាចរាចរណ៍

le panneau indicateur

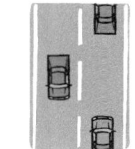

ការធ្វរចរាចរណ៍

le trafic

កកស្ទៈចរាចរណ៍

l'embouteillage

ចំណត

le parking

ស្ថានីយរថភ្លេល៍ង

la gare

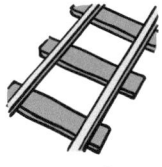

ផ្លូវដែកែ

les rails

រថភ្លល៍ង

le train

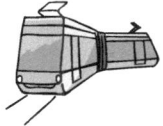

រថអគ្គីសនី

le tramway

ទូររថភ្លល៍ង

le wagon

ឧទ្ធម្ភាគចក្រ

l'hélicoptère

ព្រលានយន្តហោះ

l'aéroport

ប៉ម

la tour

អ្នកដំណើរទូក

le passager

កុងតឺន័រ

le conteneur

ករដាសកាតុង

le carton

រទេះ

le chariot

កញ្ចប់

la corbeille

ហោះឡើង / ចុះ

décoller / atterrir

ទីក្រុង

la ville

ភូមិ

le village

កណ្តាលទីក្រុង

le centre-ville

ផ្ទះ

la maison

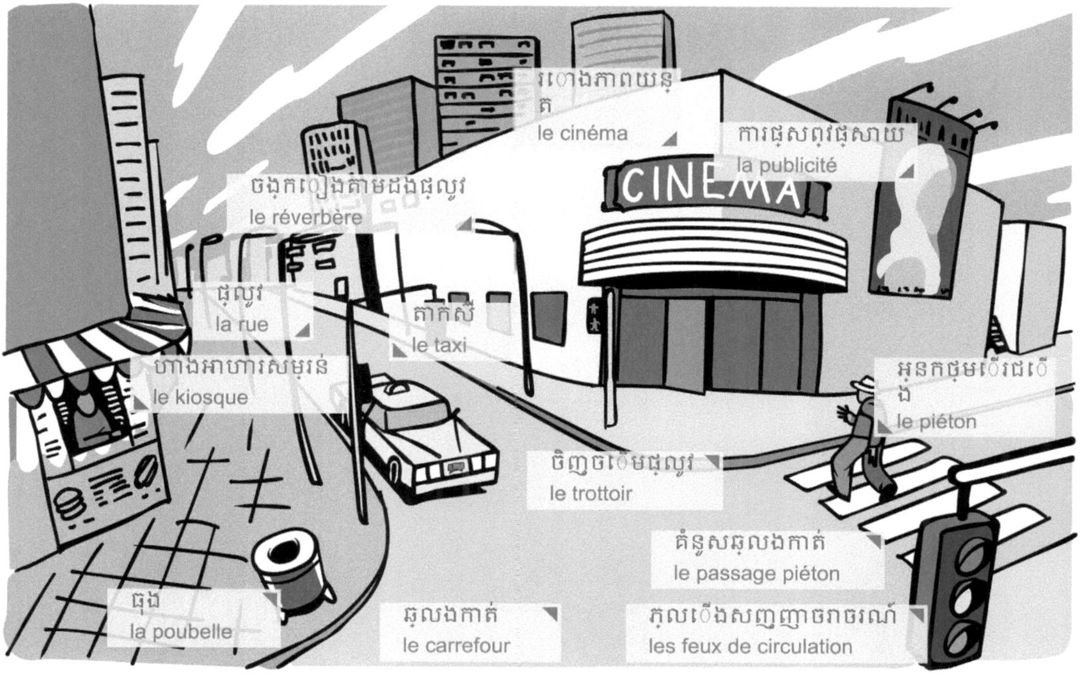

រោងភាពយន្ត
le cinéma

ការផ្សព្វផ្សាយ
la publicité

ចង្កៀងតាមដងផ្លូវ
le réverbère

CINEMA

ផ្លូវ
la rue

តាក់ស៊ី
le taxi

ហាងអាហារសម្រន់
le kiosque

អ្នកធ្មើរេ៉ីរជេ៉ីង
le piéton

ចិញ្ចើមផ្លូវ
le trottoir

គំនូសឆ្លងកាត់
le passage piéton

ធុង
la poubelle

ផ្លូងកាត់
le carrefour

គុលេ៉ីងសញ្ញាចរាចរណ៍
les feux de circulation

ខ្ទម
la cabane

ផ្ទះល្វែង
l'appartement

ស្ថានីយរថភ្លើង
la gare

សាលាក្រុង
la mairie

សារមន្ទីរ
le musée

សាលារៀន
l'école

សាកលវិទ្យាល័យ

l'université

ធនាគារ

la banque

មន្ទីរពេទ្យ

l'hôpital

សណ្ឋាគារ

l'hôtel

ឱសថស្ថាន

la pharmacie

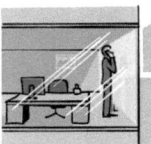

ការិយាល័យ

le bureau

ហាងលក់សៀវភៅទៅ

la librairie

ហាង

le magasin

ហាងផ្កា

le fleuriste

ផ្សារទំនើប

le supermarché

ទីផ្សារ

le marché

ហាងទំនិញ

le grand magasin

ហាងលក់ត្រី

la poissonnerie

មជ្ឈមណ្ឌលផ្សារទំនើប

le centre commercial

កំពង់ផែ

le port

ឧទ្យាន

le parc

បង្គាល់

la bancue

ស្ពាន

le pont

ជណ្តើរថ្ម

les escaliers

ផ្លូវរថក្រោមដី

le métro

ផ្លូវរូងក្រោមដី

le tunnel

ចំណតរថយន្តក្រុង

l'arrêt de bus

បារ

le bar

ភោជនីយដ្ឋាន

le restaurant

ប្រអប់សំបុត្រ

la boîte à lettres

សញ្ញាតាមដងផ្លូវ

le panneau indicateur

ឧបករណ៍បូមមួលផ្លូលចំណត

le parcmètre

សួនសត្វ

le zoo

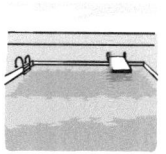

អាងហាលែទឹក

le réverbere

វិហារអ៊ីស្លាម

la mosquée

ទីក្រុង - la ville

13

កសិដុ្ឋហាន

la ferme

ការបំពុល

la pollution

វាលកប់ខ្មោច

la cimetière

ព្រះវិហារ

l'église

គូររៀងអំអិលកុមងេលងេ

l'aire de jeux

បុរសាទ

le temple

ទេសភាព

le paysage

![illustration du paysage]

- សុល៍ក — la feuille
- សញ្ញាបុរាបទិសដៅ — le panneau indicateur
- ផ្លូវ — le chemin
- វាលស្មៅ — le pré
- ដុំថ្ម — la pierre
- ដើមឈើ — l'arbre
- អ្នកឡេងភ្នំ — le randonneur
- ទន្លេ — la rivière
- ស្មៅ — l'herbe
- ផ្កា — la fleur

ជ្រលងភ្នំ

la vallée

កូនភ្នំ

la montagne

បឹង

le lac

ព្រៃឈើ

la forêt

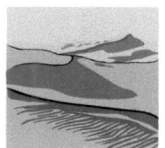

វាលខ្សាច់

le désert

ភ្នំភ្លើង

le volcan

តេ្លាកុរបី

le château

ឥន្ធនូ

l'arc-en-ciel

ផ្សិត

le champignon

ដើមត្នោត

le palmier

មូស

le moustique

រុយ

la mouche

ស្រមោច

les fourmis

សត្វឃ្មុំ

l'abeille

ពីងពាង

l'araignée

សត្វកញ្ចៃ
le coléoptère

កង្កែប
la grenouille

កំប្រុក
l'écureuil

សត្វកាំបុរមា
le hérisson

ទន្សាយសុលឹក
le lièvre

សត្វទីទុយ
la chouette

បក្សី
l'oiseau

ហង្ស
le cygne

ជ្រូក
le sanglier

សត្វក្តាន់
le cerf

សត្វក្តាន់
l'élan

ទំនប់
le barrage

កង្ហារខ្យល់
l'éolienne

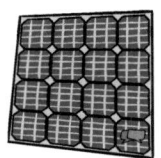

បន្ទះស្វយ៌ា
le panneau solaire

អាកាសធាតុ
le climat

le restaurant

អ្នករត់តុ
le serveur
ម៉ឺនុយ
le menu
កៅអី
la chaise
ស៊ុប
la soupe
ភីហ្សា
la pizza
កាំបិត
les couverts
កម្រាលតុ
la nappe

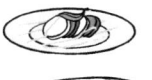

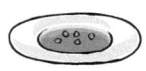

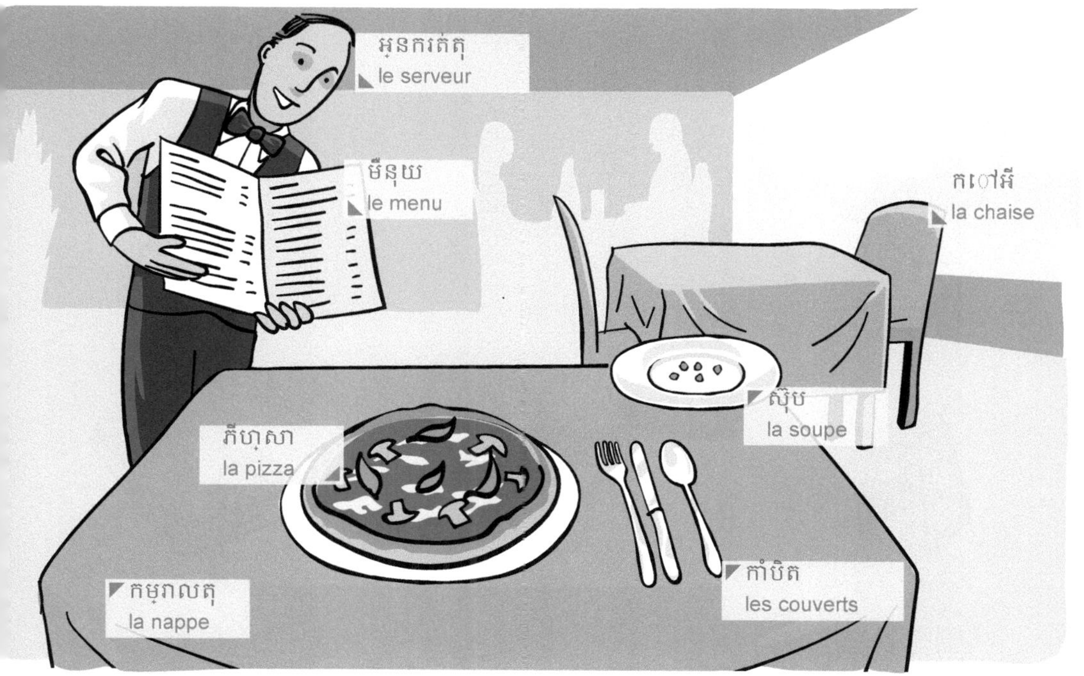

អាហារសម្រន់

les hors d'œuvre

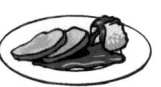

អាហារសំខាន់

le plat principal

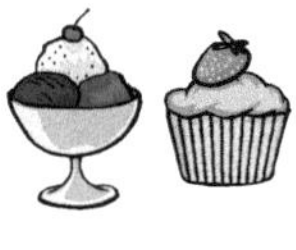

បង្អែម

le dessert

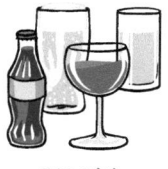

ភេសជ្ជៈ

les boissons

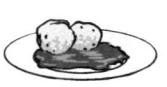

អាហារ

l'alimentation

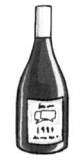

ដប

la bouteille

អាហាររហ័ស

le fast-food

អាហារតាមផ្លូវ

les plats à emporter

ប៉ាន់តែ

la théière

បូរអប់ស្ករ

le sucrier

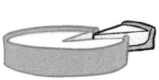

ចំណែក

la portion

ម៉ាស៊ីនតុងកាហ្វេអ៊ិចសុព្វរ ស្ស

la machine à expresso

កៅអីខ្ពស់

la chaise haute

វិក្កយបត្រ

la facture

ថាស

le plateau

កាំបិត

le couteau

សម

la fourchette

ស្លាបព្រា

la cuillère

ស្លាបព្រាកាហ្វេ

la cuillère à thé

កន្សែងជូតខ្លួន

la serviette

កែវ

le verre

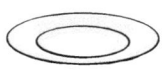

ចានទាប
....
l'assiette

ចានស៊ុប
....
l'assiette à soupe

ចានទូរនាប់
....
la soucoupe

ទឹកជ្រលក់
....
la sauce

ដបអំបិល
....
la salière

បុរដាប់កិនម្រេច
....
le moulin à poivre

ទឹកខ្មេះ
....
le vinaigre

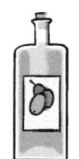

បុរង
....
l'huile

គ្រឿងទេស
....
les épices

ទឹកប៉ងប៉ោះ
....
le ketchup

ម៉ូតាក
....
la moutarde

ទឹកមយ៉ូណរ
....
la mayonnaise

ផ្សារទំនើប
le supermarché

ការផ្តល់ជូនពិសេស
l'offre promotionnelle
FOR
អតិថិជន
le client
ទឹកដោះគោ
les produits laitiers
ផ្លែឈើ
les fruits
រទេះរុញ
le chariot

BUTCHERS

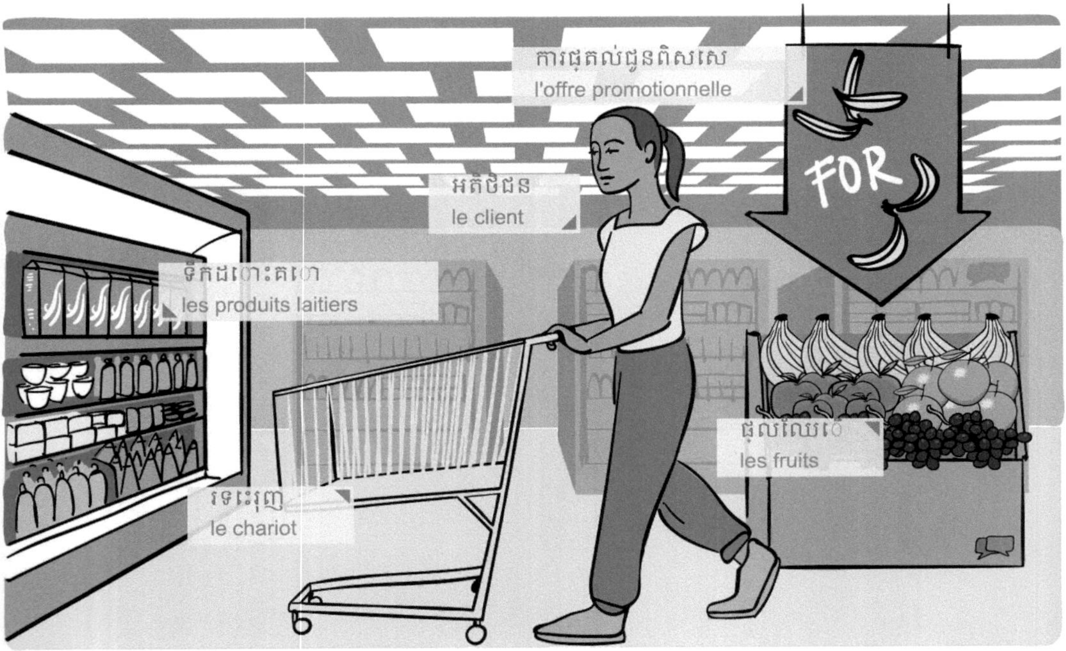

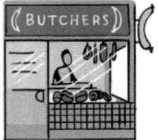

ហាងកាប់ជ្រូក

la boucherie

BAKERY

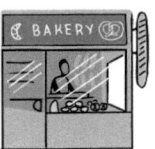

ហាងដុតនំ

la boulangerie

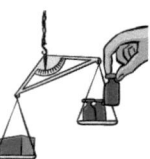

ថ្លឹង

peser

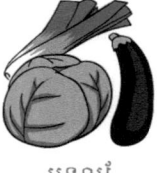

បន្លែ

les légumes

សាច់

la viande

អាហារក្លាស្សេ

les aliments surgelés

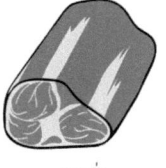

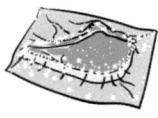

សាច់កុលាសរ

la charcuterie

អាហារកំប៉ុង

les conserves

មុសពោលាង

la poudre à lessive

សុអរគុរប់

les bonbons

ផលិតផលក្នុងគ្រួសារ

les articles ménagers

ផលិតផលសមុអាត

les détergents

អ្នកលក់

la vendeuse

ថតដាក់លុយ

la caisse

បង្ក្រៀ

le caissier

បញ្ជីទិញទំនិញ

la liste d'achats

ម៉ោងធ្វើការ

les heures d'ouverture

កាប៉ូបលុយបុរស

le portefeuille

កាតឥណទាន

la carte de crédit

ថង់

le sac

ថង់បុលាសុទិច

le sac en plastique

ទឹក

l'eau

ទឹកផ្លែឈើ

le jus de fruit

ទឹកដោះគោ

le lait

កូកាកូឡា

le coca

ស្រា

le vin

ស្រាបៀរ

la bière

គ្រឿងស្រវឹង

l'alcool

កាកាវ

le chocolat chaud

តែ

le thé

កាហ្វេ

le café

កាហ្វេអែិចសុព្វរេស្ស

l'expresso

កាហ្វេកោពូឈីណូ

le cappuccino

ចេក

la banane

ផ្លែប៉ោម

la pomme

ផ្លែក្រូច

l'orange

ឪឡឹក

le melon

ក្រូចឆ្មា

le cit on.

ការ៉ុត

la carotte

ខ្ទឹម

l'ail

ឫស្សី

le bambou

ខ្ទឹមបារាំង

l'oignon

ផ្សិត

le champignon

គ្រាប់ផ្លែឈើ

les noisettes

មី

les pâtes

មីអីតាលី
....
les spaghetti

ហាយ
....
le riz

សាឡាត់
....
la salade

ដំឡូងចៀន
....
les pommes frites

ដំឡូងចៀន
....
les pommes de terre rôties

ភីហ្សា
....
la pizza

ប៊ីហ្គឺ
....
le hamburger

សាំងវិច
....
le sandwich

សាច់ជាប់ឆ្អឹងជំនី
....
l'escalope

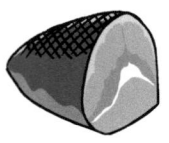

ហាំ
....
le jambon

សាឡាមី
....
le salami

សាច់ក្រក
....
la saucisse

សាច់មាន់
....
le poulet

អាំង
....
le rôti

ត្រី
....
le poisson

អាវ៉ែនបបរ

les flocons d'avoine

មុយស្លី

le muesli

ដំឡូងចំណិត

les cornflakes

មុសៅ

la farine

នំគ្រូសង់

le croissant

នំបុ័ងមុយ៉ាងមូលតូចៗ

les petits-pains

នំបុ័ង

le pain

អាំង

le pain grillé

នំប៊ីស្គី

les biscuits

ប៊ីរ

le beurre

ទឹកដោះខាប់

le fromage blanc

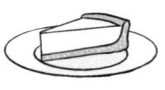

នំខេក

le gâteau

ស៊ុត

l'œuf

ស៊ុតចៀន

l'œuf au plat

ឈ័ស

le fromage

ការ៉េម

la glace

ស្ករ

le sucre

ទឹកឃ្មុំ

le miel

ជំណាប់

la confiture

គ្រឹមគាំងម៉ៃ

la crème nougat

ការ៉ី

le curry

កសិដ្ឋាន
la ferme

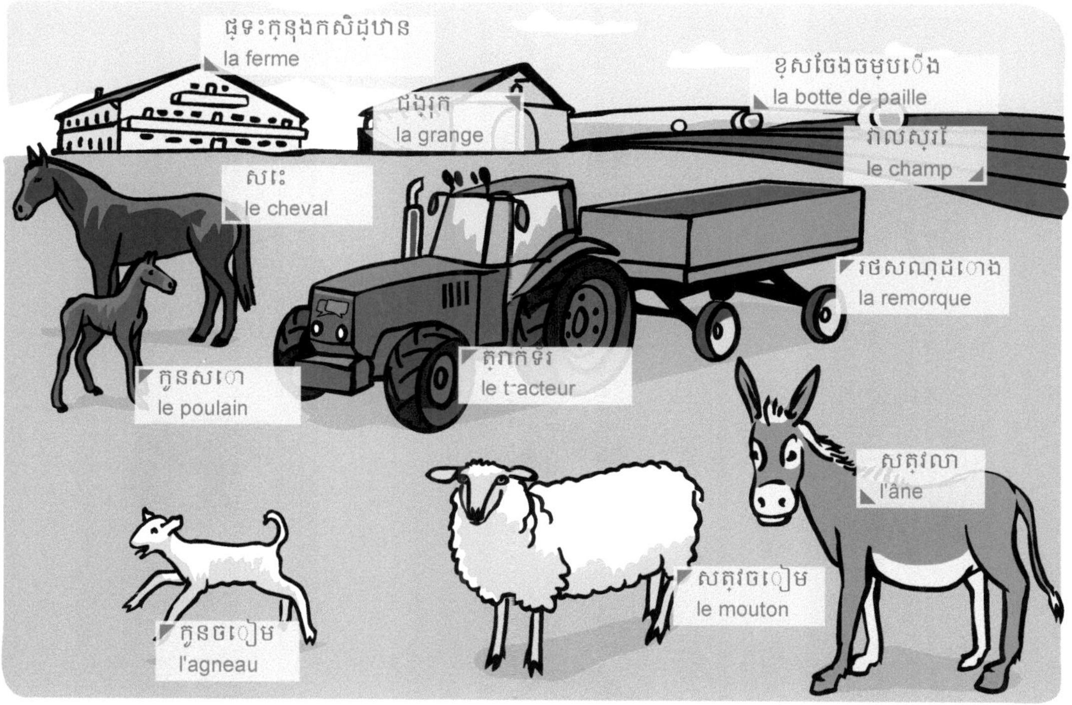
ផ្ទះក្នុងកសិដ្ឋាន
la ferme
ជង្រុក
la grange
ខ្សែចងចម្បើង
la botte de paille
វាលស្រែ
le champ
សេះ
le cheval
រថសណ្ដោង
la remorque
ត្រាក់ទ័រ
le tracteur
កូនសេះ
le poulain
សត្វលា
l'âne
សត្វចៀម
le mouton
កូនចៀម
l'agneau

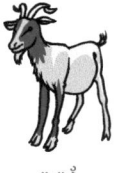

ពពែ
la chèvre

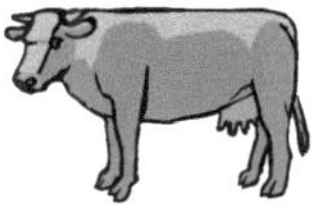

គោញី
la vache

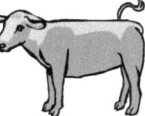

កូនគោ
le veau

ជ្រូក
le porc

កូនជ្រូក
le porcelet

គោឈ្មោល
le taureau

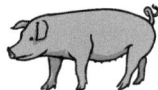

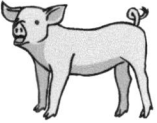

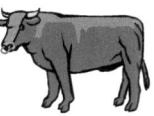

សត្វក្ងាន

l'oie

ទា

le canard

កូនមាន់

le poussin

មមោន់

la poule

មាន់ឈ្មោល

le coq

កណ្ដុរ

le rat

ឆ្មា

le chat

កណ្ដុរបុរមេះ

la souris

គោឈ្មោល

le bœuf

ឆ្កែ

le chien

ផ្ទះឆ្កែ

le chenil

ទុយោទឹក

le tuyau de jardin

ធុងស្រោចទឹក

l'arrosoir

ខូរវៃបក

la faucheuse

នង្គ័ល

la charrue

x

28   កសិដុហាន - la ferme

កណ្ដៀវ
la faucille

ចបកាប់
la pioche

រនាស់
la fourche

ពូថៅ
la hache

រទេះរុញ
la brouette

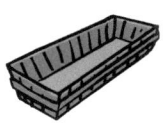

ស្នូក
la cuve

កំប៉ុងទឹកដោះគោ
le pot à lait

ហារ
le sac

របង
la clôture

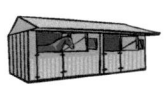

កុរពោល
l'étable

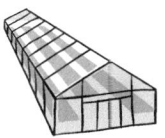

ផ្ទះកញ្ចក់
le serre

ដី
le sol

គ្រាប់ពូជ
les semences

ជី
l'engrais

ម៉ាស៊ីនបរមួលផល
la moissonneuse-batteuse

កសិដ្ឋាន - la ferme

ប្រមូលផល

récolter

ការប្រមូលផល

la récolte

ដំឡូងជួក

l'igname

ស្រូវសាលី

le blé

សណ្ដែកសៀង

le soja

ដំឡូងជួក

la pomme de terre

ពោត

le maïs

គ្រាប់ប្ររង៉ែរ៉ប៉ែ

le colza

ដើមឈើហូបផ្លែឈើ

l'arbre fruitier

ដំឡូងមី

le manioc

ចញ្ញជាតិ

les céréales

la maison

បំពង់ផ្សែងភ្លើង
la cheminée

ដំបូល
le toit

ទរបង្ហូរទឹក
la gouttière

បង្អួច
la fenêtre

ហុកាវាស
le garage

កណ្ដឹងទ្វារ
la sonnette

ទ្វារ
la porte

ធុងសំរាម
la poubelle

ប្រអប់សំបុត្រ
la boîte aux lettres

សួនច្បារ
le jardin

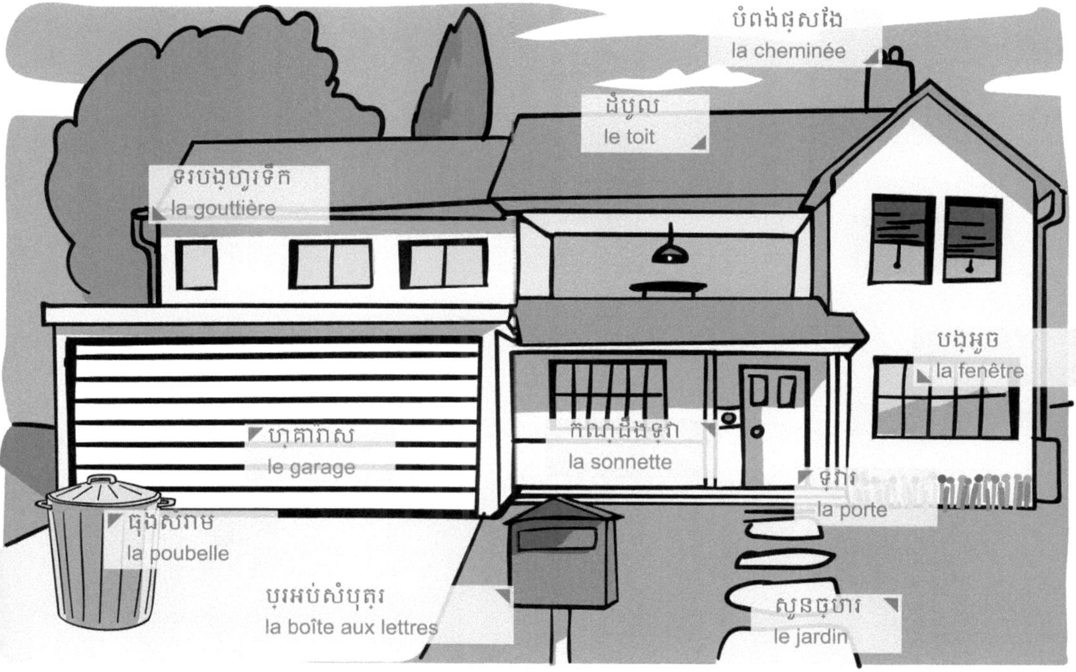

បន្ទប់ទទួលភ្ញៀវ
le salon

បន្ទប់ទឹក
la salle də bain

ផ្ទះបាយ
la cuisine

បន្ទប់គេង
la chambre à coucher

បន្ទប់បេងកុមារ
la chambre d'enfant

បន្ទប់ទទួលទានអាហារ
la salle à manger

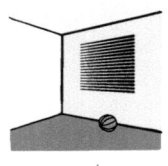

ជាន់

le sol

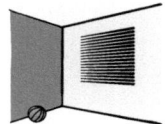

ជញ្ជាំង

le mur

ពិដាន

le plafond

បន្ទប់ក្រោមដី

la cave

សូណា

le sauna

យ៉័រ

le balcon

ផ្ទៃរាបស្មើនៅជមុរាលក្នុំ

la terrasse

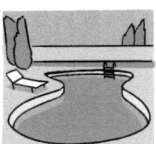

អាងហាលែទឹក

la piscine

ម៉ាស៊ីនកាត់ស្មៅ

la tondeuse à gazon

សន្លឹក

la housse

កម្រាលគ្រែដែកេ

la couette

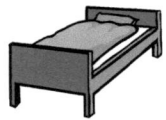

គ្រែ

le lit

អំបោស

le balai

ធុង

le sceau

កុងតាក់

l'interrupteur

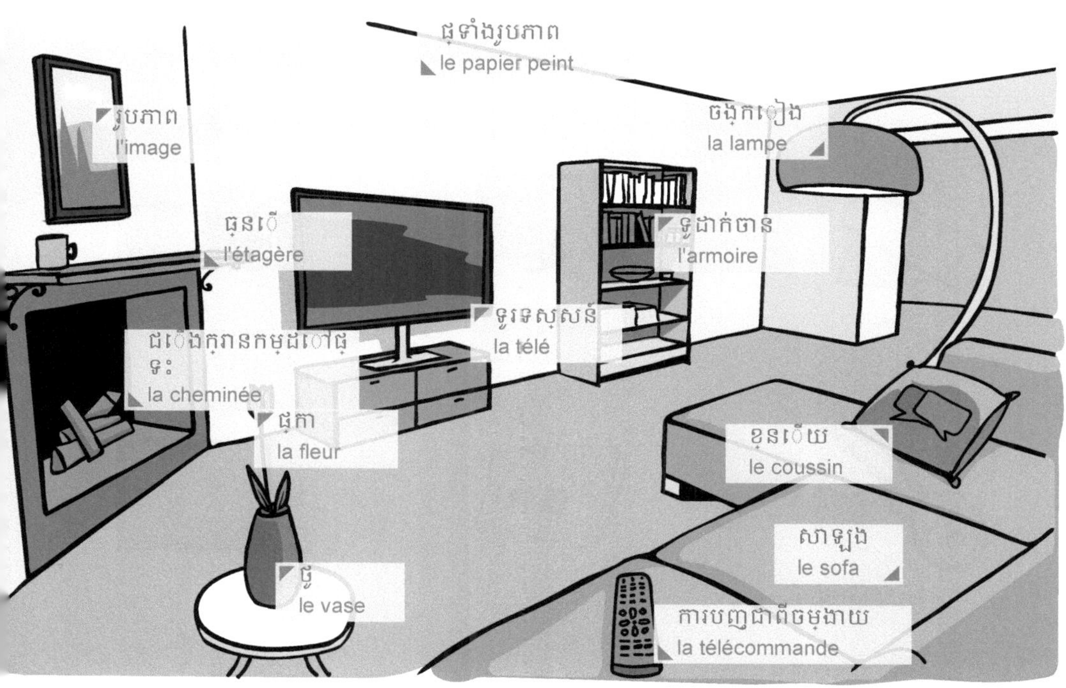

ផ្ទាំងរូបភាព
le papier peint

ចង្កៀងរៀង
la lampe

រូបភាព
l'image

ធ្នើរឿ
l'étagère

ទូដាក់ចាន
l'armoire

ជញ្ជាំងក្បាំងកមុដរៅផ្ទុះ
ទុះ
la cheminée

ទូរទស្សន៍
la télé

ផ្កា
la fleur

ខ្នើយរៅយ
le coussin

សាឡុង
le sofa

ធុ
le vase

ការបញ្ជាពីចម្ងាយ
la télécommande

កម្រាលព្រំ
le tapis

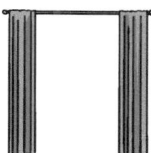

រាំងនន
le rideau

តុ
la table

កៅអី
la chaise

កៅអីបាក់ប្លោក
la chaise à bascule

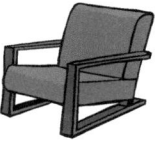

កៅអីភ្នាក់ដៃ
le fauteuil

សៀវភៅ

le livre

ភួយ

la couverture

ការតុបតែង

la décoration

អុសដុត

le bois de chauffage

ខុសភាពយន្ត

le film

ឧបករណ៍ Hi-Fi

la chaîne hi-fi

កូនសោ

la clé

កាសែត

le journal

គំនូរ

la peinture

ផុតទាំងរូបភាព

le poster

វិទ្យុ

la radio

ណូតផ្ទេ

le bloc-notes

ម៉ាស៊ីនបូមធូលី

l'aspirateur

ដំបងយក្ស

le cactus

ទៀន

la bougie

ទូទឹកកក
le réfrigérateur

ចង្ក្រានម៊ីក្រូវែវ
le four à micro-ondes

ជញ្ជីងផ្ទះបាយ
la balance de cuisine

បុរដាបអាំងនំប៉័ង
le grille-pain

សាប៊ូបោកខោអាវ
le détergent

ម៉ាស៊ីនធ្វើទឹកយកក
le compartiment congélateur

ចង្ក្រាន
le four

ម៉ាស៊ីនលាងរៀងចាន
le lave-vaisselle

ធុងសំរាម
la poubelle

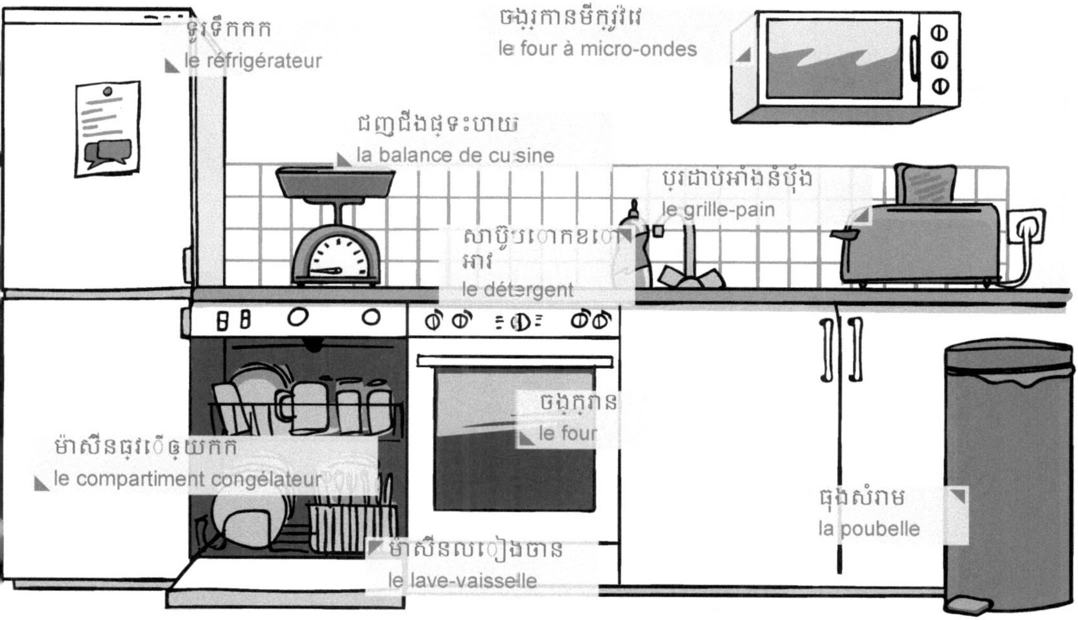

ចង្ក្រាន
....
le four

ឆ្នាំង
....
la casserole

ឆ្នាំងដកៃ
....
la marmite

ខ្ទះ / ខ្ទះផណ្ណោ
....
le wok / kadai

ខ្ទះ
....
la poêle

កំសៀវ
....
la bouilloire electrique

ឥុនាំងចំហុយ

le cuiseur vapeur

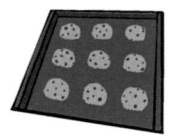

ចាសដុតនំ

la plaque de cuisson

គរេ្យ៉ងចានឥុនាំងដី

la vaisselle

ថ្វី

le gobelet

ចានគ្រោម

la coupe

ចង្កឹះ

les baguettes

វែកសមុល

la louche

វែកគូរ

la spatule

ឬដាប់វាយក្រឡេក

le fouet

តម្រង

la passoire

កន្ត្រង

le tamis

ឬដាប់កោសដុង

la râpe

គ្រូហាល់

le mortier

ការអាំងសាច់

le barbecue

ចង្ក្រានចំហា

la cheminée

ជុរញ្ញ

la planche à découper

បុរដោប់កិនម្សូរ

le rouleau à pâtisserie

បុរដោប់ម្សូរបើកឥនុកសុរា

le tire-bouchon

កំប៉ុង

la boîte

បុរដោប់បើកកំប៉ុង

l'ouvre-boîte

កុរណាត់ទុកប់ឆ្នាំង

les maniques

កនុលផៃលោងចាន

le lavabo

ជក់

la brosse

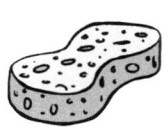

អប៉ុង

l'éponge

ម៉ាសីនកុរឡ្បុក

le mixeur

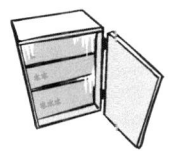

ទូទឹកកកខ្លានតគួច

le congélateur

ដបទឹកដរោះគរៅ

le biberon

រ៉ូប៊ីណៃ

le robinet

la salle de bain

កម្ដៅ
le chauffage

កន្សែង
la serviette

ការងូតទឹកពពុះ
le bain moussant

ផ្កាឈូក
la douche

វាំងននងូតទឹកផ្កាឈូក
le rideau de douche

អាងងូតទឹក
la baignoire

ម៉ាស៊ីនបោកគក់
la machine à laver

ករឡុកុបរឿង
le carrelage

រូបីណេ
le robinet

កវែ
le verre

ចានបង្គន់
le pot

កន្សែងលាងចាន
le lavabo

បង្គន់

les toilettes

បង្គន់អង្គុយ

la toilette à la turque

ផ្លេងជម្រះកាយ

le bidet

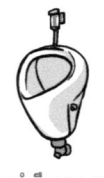

កុលាំទឹកនោម

l'urinoir

ក្រដាសបង្គន់

le papier toilette

ច្រាសដុសបង្គន់ន

la brosse à toilette

ច្រាសដុសធ្មេញ

la brosse à dents

ថ្នាំដុសធ្មេញ

le dentifrice

ខ្សែទាក់សម្អាតធ្មេញ

le fil dentaire

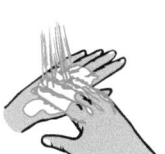

លាង

laver

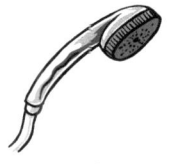

បុរដាប់ដាក់ដៃផ្ទែកាឡួក

la douche manuelle

ទឹកថុនាំសម្រាប់ហាញ់លាង

la douche intime

អាង

la vasque

ច្រាសដុសខ្នង

la brosse dorsale

សាប៊ូ

le savon

ជេលសម្រាប់ងូតទឹកផុកាឡួ

le gel douche

សាប៊ូ

le shampooing

សក្លាត

le gant de toilette

បំពង់បង្ហូរទឹក

l'écoulement

ក្រែម

la crème

ថ្នាំបំបាត់ក្លិនអាក្រក់

le déodorant

កញ្ចក់

le miroir

កញ្ចក់ដៃ

le miroir cosmétique

បរដាប់កោរ

le rasoir

ហ្វូមកោរពុកមាត់

la mousse à raser

ទឹកលាងក្រោយកោរពុកម
···ាត់រួច···

l'après-rasage

ក្រាស

la peigne

ជក់

la brosse

បរដាប់សម្ងួតសក់

le sèche-cheveux

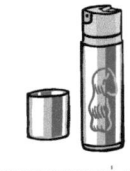

សូពួយបាញ់សក់

la laque pour cheveux

ការតុបតែងមុខ

le fond de teint

ក្រម៉េលាបមាត់

le rouge à lèvres

ថ្នាំលាបក្រចក

le vernis à ongles

រោមកប្បាស

l'ouate

កន្ត្រៃកាត់ក្រចក

le coupe-ongles

ទឹកអប់

le parfum

កាប៉ូបបពោកតត់

la trousse de toilette

លាមក

le tabouret

ជញ្ជីងថ្លឹងលីងទម្ងន់

le pèse-personne

អាវពោក់ងួតទឹក

le peignoir

ស្រោមដៃសំអាតស្អី

les gants de nettoyage

ធ្នុក

le tampon

កន្សែងអនាម័យ

les serviettes hygiéniques

បង្គន់គីមី

la toilette chimique

បន្ទប់របស់កុមារ

la chambre d'enfant

នាឡិការោទ៍
le réveil
ប្រដាបក្មេងអោបលេង
le doudou
រថយន្តក្មេងលេង
la voiture jouet
ប្រដាប់អង្រន់លេង
le hochet
ផ្ទះកូនក្រមុំជ័រ
la maison de poupée
អំណោយ
le cadeau

ប៉េងប៉ោង

le ballon

គ្រែ

le lit

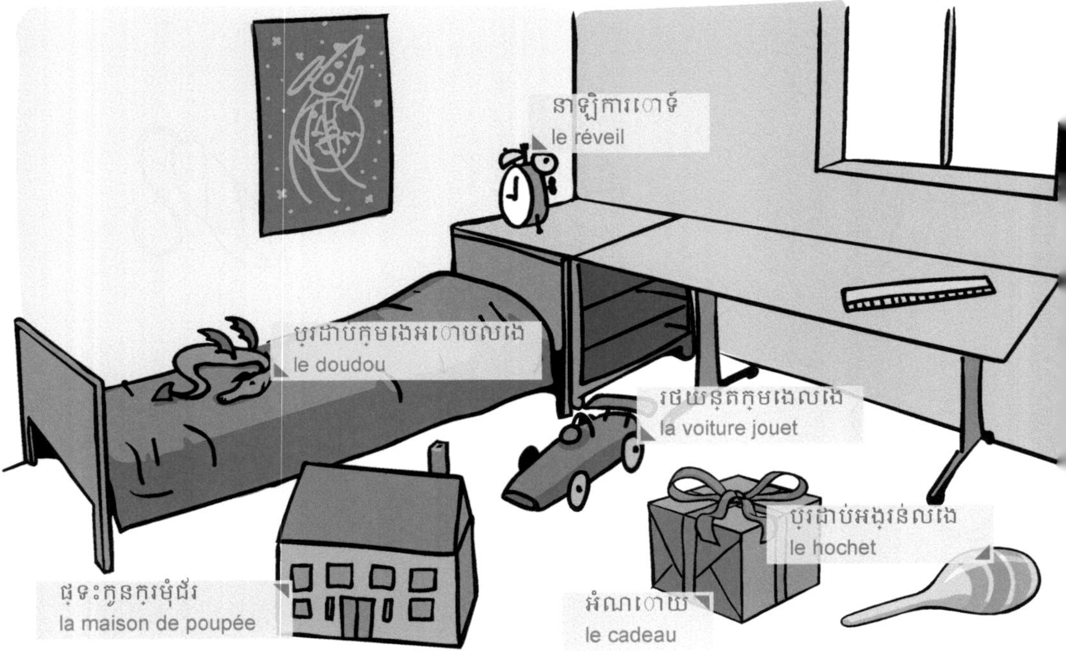

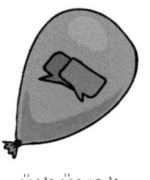

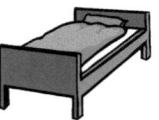

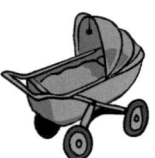

រទេះរុញទារក

la poussette

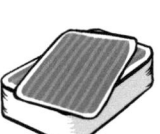

ហ្វៀបៀ

le jeu de cartes

រូបផ្គុំ

le puzzle

SUPER
MEGA

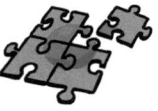

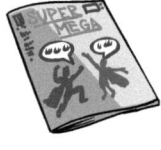

កំប្លែង

la bande dessinée

ឥដ្ឋប Lego

les pièces lego

បុល្កបុរដោប់កុមពេងលេង

les blocs de construction

តួលខេសកម្មមភាព

la figurine

ខ្ពោអារទារក

la grenouillère

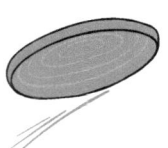

ការគប់ចាស

le frisbee

ទូរស័ព្ទដៃ

le mobile

កុតាលុបងែ

le jeu de société

គ្រាប់ឡ្ងូឡ្ញាក់

le cé

ឈុតរចេភុលេ៎ឯគំរូ

le train miniature

រូបសំណាក

la sucette

គណបកុស

la fête

សរៀ្រេកេ៎រូបភាព

le livre d'images

ហាល់

la balle

កូនករម៉ុំតុក្កតា

la poupée

លេង

jouer

របងជៅខ្សាច់
le bac à sable

ទោង
la balançoire

ប្រដាប់ក្មេងលេងលេង
les jouets

កុងសូលវីដេអូហ្គេម
la console de jeu

គ្រីចក្រយានយន្ត
le tricycle

តុក្កតាខ្លាឈ្មុំ
l'ours en peluche

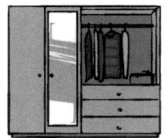

ទូខោអាវ
l'armoire

សម្លៀកបំពាក់

les vêtements

ស្រោមជើង
les chaussettes

ស្រោមជើងវែង
les bas

ខោទុនាប់នារី
le collant

កូរម៉ា
l'écharpe

ខ្សែក្រវ៉ាត់
la ceinture

ឆត្រ
le parapluie

អាវយឺត
le t-shirt

ស្បែកជើងបាតា
les baskets

ស្បែកជើងករវរ៉ាង
les bottes

ស្បែកជើងពាក់ននៅ ផ្ទះ
les pantoufles

ស្បែកជើងសង្រែក
les sandales

ស្បែកជើង
les chaussures

ស្បែកជើងករវែងករៅស្ទ្វ
les bottes de caoutchouc

ខហោទូរនាប់បុរស
les sous-vêtements

អាវទ្រនាប់
le soutien-gorge

អាវកាក់
le maillot de corps

រាងកាយ

le body

ខោទោវែង

le pantalon

ខោទោខូវបិយ

le jean

សំពត់

la jupe

អាវកុររទៅ

le chemisier

អាវ

la chemise

អាវយឺត

le pull

អាវយឺត

le sweat à capuche

អាវធំ

la veste

អាវកុររទៅ

la veste

អាវធំ

le manteau

អាវកុឡ្យរៀង

l'imperméable

គុររៀងតវែង

le costume

អាវរវែង

la robe

សំលរៀកបំពាក់អាពាហ៍ពិពា
ហ៍

la robe de mariée

ខោអាវឈុត

le costume

រ៉ូបរ៉ាត្រី

la chemise de nuit

ឈុតគេង

le pyjama

សាវី

le sari

កន្សែងដងជូតកុបាល

le foulard

ឆ្នួត

le turban

សុបម៉ែខ

la burqa

kaftan

le caftan

abaya

l'abaya

ឈុតហាលែទឹក

le maillot de bain

ខោខ្លី

le maillot de bain

ខោខ្លី

le short

ឈុតហាត់កីឡា

la tenue d'entraînement

អាវអេៀម

le tablier

សុវោមដៃ

les gants

ឲ្យេវេរអារ
le bouton

វ៉ែនតា
les lunettes

ខ្សដៃ
le bracelet

ខ្សកៃ
le collier

ចិញ្ចៀន
la bague

កុវិល
la boucle d'oreille

មួក
le bonnet

បុរដាប់ពុយួរអាវកុរៅ
le cintre

មួក
le chapeau

កុរវាត់ក
la cravate

រូត
la fermeture éclair

មួកសុរវត្តុថិភាព
le casque

ខ្សវ៉
les bretelles

ឯកសណ្ឋានសាលា
l'uniforme scolaire

ឯកសណ្ឋាន
l'uniforme

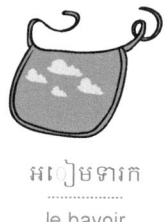

អៀមទារក

le bavoir

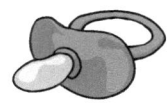

រូបសំណាក

la sucette

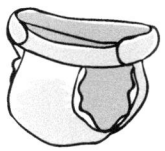

ខោទឹកនោម

la lange

ការិយាល័យ
le bureau

ម៉ាស៊ីនមេ
le serveur
ទូឯកសារ
l'armoire d'archivage
ម៉ាស៊ីនបោះពុម្ព
l'imprimante
ក្រដាស
le papier
ម៉ូនីទ័រ
l'écran
តុការិយាល័យ
le bureau
កណ្ដុរ
la souris
សឺមី
le classeur
ក្ដារចុច
le clavier
កន្ត្រកដាក់សំរាមក្រដាស
la corbeille à papier
កុំព្យូទ័រ
l'ordinateur
កៅអី
la chaise

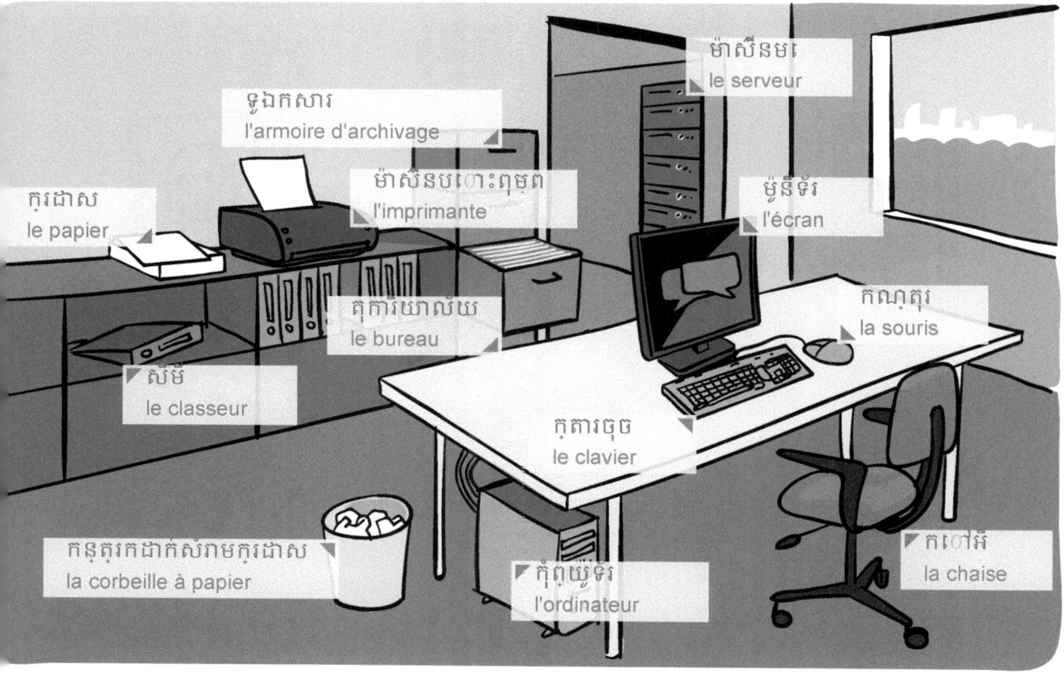

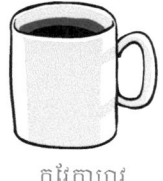

កែវកាហ្វេ

la tasse de café

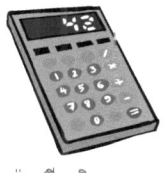

ម៉ាស៊ីនគិតលេខ

la calculatrice

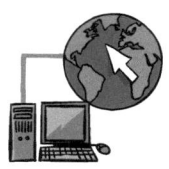

អ៊ីនធឺណិត

l'internet

កុំព្យូទ័រយួរដៃ

l'ordinateur portable

លិខិត

la lettre

សារ

le message

ទូរស័ព្ទដៃ

le portable

បណ្តាញ

le réseau

ម៉ាស៊ីនថតចម្លង

la photocopieuse

សូហ្វវែរ

le logiciel

ទូរស័ព្ទ

le téléphone

រន្ធជ្រោត

la prise

ម៉ាស៊ីនទូរសារ

le fax

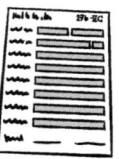

ទម្រង់បែបបទ

le formulaire

ឯកសារ

le document

ការិយាល័យ - le bureau

ទិញ

acheter

បង់ប្រាក់

payer

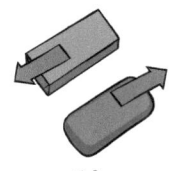

ធ្វើពេជិន្ញ

faire du commerce

លុយ

la monnaie

ប្រាក់ដុល្លារ

le dollar

ប្រាក់អឺរ៉ូ

l'euro

ប្រាក់យ៉ែន

le yen

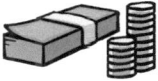

ប្រាក់រ៉ូបិល

le rouble

ហ្វ្រង់ស្វ៊ីស

le franc suisse

ប្រាក់យ៉ាន

le renminbi yuan

ប្រាក់រូពី

la roupie

កន្លែងបូររ៉េសាច់ប្រាក់

le distributeur automatique

ការិយាល័យបូរ្តូរប្រាក់

le bureau de change

មាស

l'or

ប្រាក់

l'argent

ប្រេង

le pétrole

ថាមពល

l'énergie

តម្លៃ

le prix

កិច្ចសន្យា

le contrat

ពន្ធ

la taxe

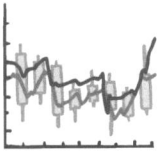

ភាគហ៊ុន

l'action

ធ្វើការ

travailler

បុគ្គលិក

l'employé

និយោជក

l'employeur

រោងចក្រ

l'usine

ហាង

le magasin

les professions

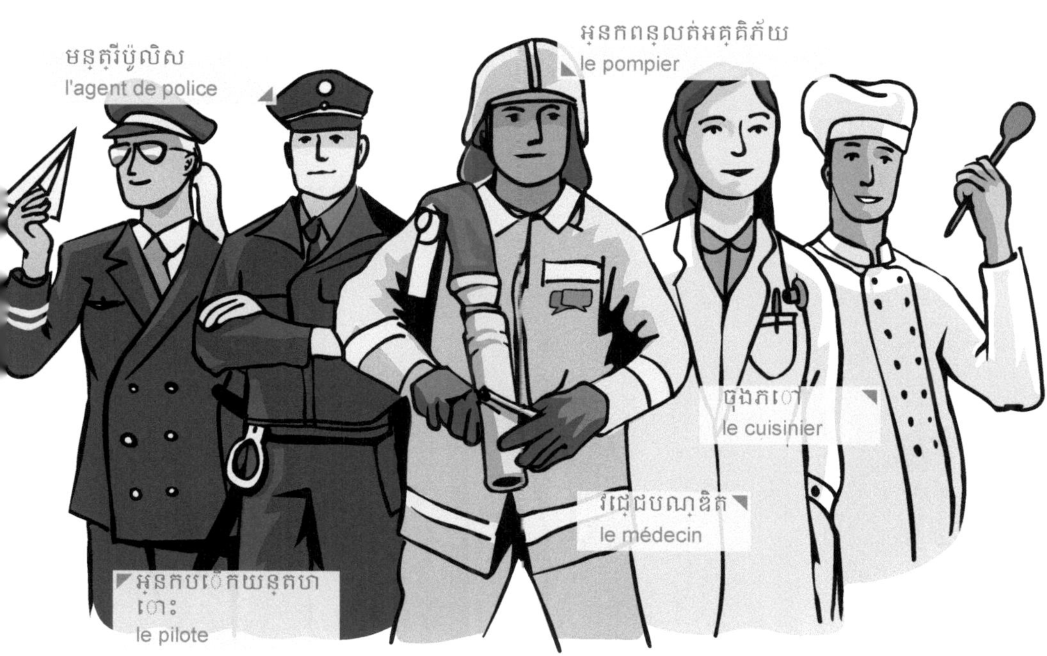
មន្ត្រីប៉ូលិស
l'agent de police
អ្នកពន្លត់អគ្គិភ័យ
le pompier
ចុងភៅ
le cuisinier
វេជ្ជបណ្ឌិត
le médecin
អ្នកបើកយន្តហោះ
le pilote

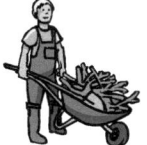

អ្នកថែសួន

le jardinier

ជាងឈើ

le menuisier

ជាងកាត់ដេរ

la couturière

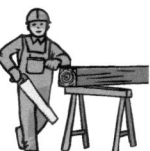

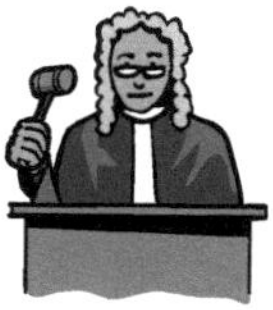

ចៅក្រម

le juge

គីមីវិទូ

le chimiste

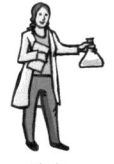

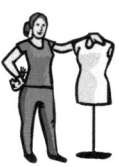

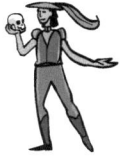

តួកុន

l'acteur

អ្នកបើកឡ្យានក្រុង

le conducteur de bus

អ្នកបើកតាក់សី

le chauffeur de taxi

អ្នកនសោទ

le pêcheur

សុត្រីអ្នកសមុអាត

la femme de ménage

ជាងដំបូល

le couvreur

អ្នករត់តុ

le serveur

អ្នកបរហាញសត្វ

le chasseur

វិចិត្រករ

le peintre

អ្នកដុតនំ

le boulanger

ជាងអគ្គីសនី

l'électricien

ជាងសំណង់

l'ouvrier

វិស្វករ

l'ingénieur

អ្នកកាប់សាច់

le boucher

ជាងជួសជុលទុយោរទឹក

le plombier

អ្នករត់សំបុត្រ

le facteur

ទាហាន

le soldat

ស្ថាបត្យករ

l'architecte

បេឡា

le caissier

អ្នកលក់ផ្កា

le fleuriste

អ្នកកាត់សក់

le coiffeur

អ្នកយកលុយ

le contrôleur

ជាងម៉ាស៊ីន

le mécanicien

កាពីទែន

le capitaine

ពទ្យេធ្មេញ

le dentiste

អ្នកវិទ្យាសាស្ត្រ

le scientifique

គ្រូបង្រៀនច្បាប់សញ្ជាតិ
ជ៊ីហ្វវ

le rabbin

លោកសង្ឃចាម

l'imam

ព្រះសង្ឃ

le moine

បព្វជិត

le prêtre

ឧបករណ៍

les outils

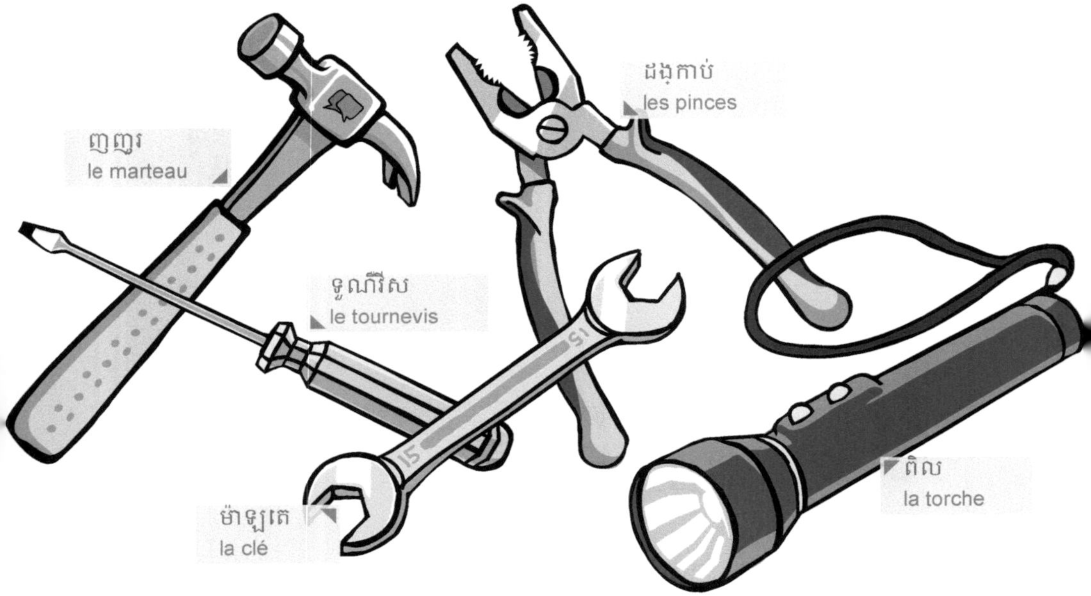

ញញួរ
le marteau
ដង្កាប់
les pinces
ទួណឺវីស
le tournevis
ម៉ាឡេត
la clé
ពិល
la torche

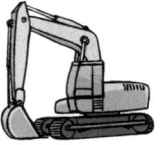

ម៉ាស៊ីនជីក

la pelleteuse

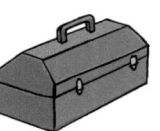

ប្រអប់ឧបករណ៍

la boîte à outils

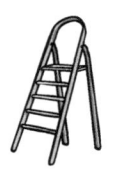

ជណ្តើរ

l'échelle

រណារ

la scie

ដែកគោល

les clous

ប្រដាប់ស្វាន

la perceuse

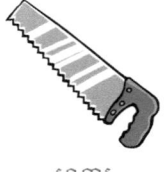

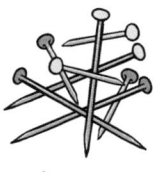

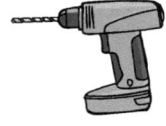

ជួសជុល
réparer

បំលែ
la pelle

ចង្រៃ!
Mince !

បុរដោប់ចូកធូលី
la pelle

ធុងថ្នាំពណ៌
le pot de peinture

 វីស
les vis

ឧបករណ៍តន្ត្រី

les instruments de musique

ឧបករណ៍បំពងសំឡេង
le haut-parleurs

ឈុតសូត្រ
la batterie

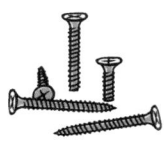

ហ្គីតា
la guitare

ហាសព័រ
la contrebasse

គួរ៉
la trompette

ពុយាណូ

le piano

វីយូឡ្យុង

le violon

ហាស

la basse

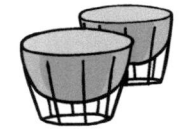

ស៊ុតរពោសស៊ុបកែមុំយ៉ាង

les timbales

ស៊ុតរ

le tambour

យ៉ឺបត

le piano électrique

សាក់ស៊ូហ្វូន

le saxophone

ខ្លុយ

la flûte

មីក្រូហ្វូន

le microphone

សត្វខ្លា
le tigre

ទ្រុង
la cage

សះបេងុកង
le zèbre

ការខ្ញុយចំណីសត្វ
l'alimentation animale

ចូរកចូល
l'entrée

ខ្លាឃ្មុំផនេដា
le panda

សត្វ

les animaux

សត្វដំរី

l'éléphant

សត្វរកងហុការូ

le kangourou

សត្វរមាស

le rhinocéros

សត្វសុវាហុត្តរីទ្យា

le gori le

ខ្លាឃ្មុំពណ៌តុននពោត

l'ours

សត្វអូដ្ឋ

le chameau

សត្វអូទ្រីស

l'autruche

សត្វតោ

le lion

ស្វា

le singe

សត្វកុររៀល

le flamand rose

សកែ

le perroquet

ខ្លាឃ្មុំតំបន់ប៉ូល

l'ours polaire

ជនេយ្យរីន

le pingouin

ត្រីឆ្លាម

le requin

ក្ងោក

le paon

សត្វពស់

le serpent

ក្រពើ

le crocodile

អ្នកក្រុសាសួនសត្វ

le gardien de zoo

ឆ្មាទឹក

le phoque

ខ្លារខិនមួយយ៉ាង

le jaguar

កូនសេះ

le poney

ខ្លារខិន

le léopard

សត្វដើរទឹក

l'hippopotame

សត្វកវែង

la girafe

ផន្លូ

l'aigle

ជ្រូក

le sanglier

ត្រី

le poisson

អណ្តើក

la tortue

លោមមចូរា

le morse

កញ្ជ្រោង

le renard

ក្ដាន់

la gazel e

កីឡា

les sports

កីឡាបាល់ទាត់អាមេរិក
l'american Football

ការបុករណាំងកង់
le cyclisme

កីឡាថ្នេស
le tennis

កីឡាបាល់បោះ
le basket-ball

កីឡាហែលទឹក
la natation

កីឡាប្រដាល់
la boxe

កីឡាវាយកូនបាល់លើលេីទឹ កកក
le hockey sur glace

កីឡាបាល់ទាត់
le football

កីឡាវាយសី
le badminton

អត្តពលកម្ម
l'athlétisme

កីឡាបាល់កាន់
le handball

ការជិះស្គី
le ski

ប៉ូឡូ
le polo

62

កីឡា - les sports

លោត
sauter

ឱប
embrasser

សរើច
rire

ដើរ
marcher

ច្រៀង
chanter

សុបិន្ត
rêver

អធិស្ឋាន
prier

ថើប
faire la bise

សរសេរ
écrire

គូរ
dessiner

បង្ហាញ
montrer

រុញ
pousser

ថ្វាយ
donner

យក
prendre

មាន

avoir

ធ្វើរ៉េ

faire

គឺ

être

ឈរ

être debout

រត់

courir

ទាញ

trier

បោះ

jeter

ធ្លាក់

tomber

កុហាក

être couché

រង់ចាំ

attendre

យួរ

porter

អង្គុយ

être assis

សុលៀកពាក់

s'habiller

ដេក

dormir

ភ្ញាក់ឡ្ប្រឈីង

se réveiller

មេ�ើល

regarder

យំ

pleurer

គូសវាស

caresser

សិតសក់

peigner

និយាយ

parler

យល់

comprendre

សួរ

demander

ស្ដាប់

écouter

ផឹក

boire

បរិភោគ

manger

សមអាត

ranger

ស្រលាញ់

aimer

ចម្អិន

cuire

បេ៊ីកបរ

conduire

ហោះ

voler

ចក្រទូក

faire de la voile

គណនា

calculer

អាន

lire

រៀន

apprendre

ធ្វើការ

travailler

រៀបការ

se marier

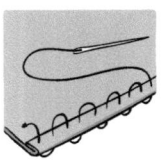

ដេរ

coudre

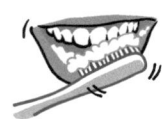

ដុសធ្មេញ

brosser les dents

សម្លាប់

tuer

ជក់

fumer

ផ្ញើ

envoyer

ក្រុមគ្រួសារ

la famille

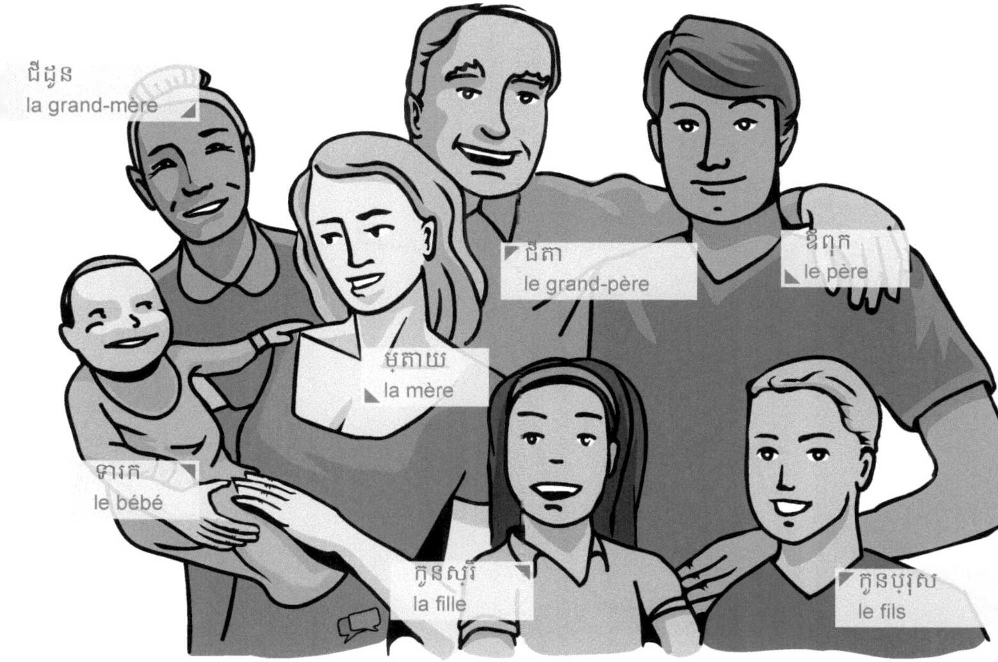
ជីដូន
la grand-mère
ជីតា
le grand-père
ឪពុក
le père
ម្តាយ
la mère
ទារក
le bébé
កូនស្រី
la fille
កូនប្រុស
le fils

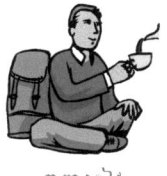

ភ្ញៀវ

l'hôte

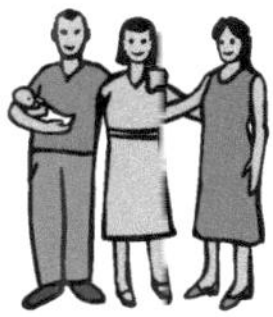

មីង

la tante

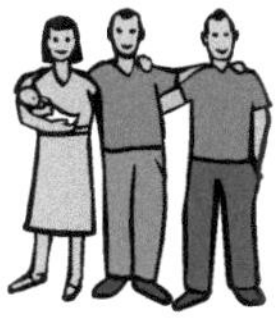

ពូ

l'oncle

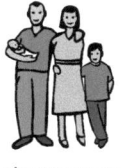

បងប្អូនប្រុស

le frère

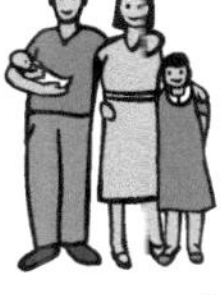

បងប្អូនស្រី

la sœur

រាងកាយ

le corps

ថ្ងាស
le front
ភ្នែក
l'œil
ស្មា
l'épaule
ម្រាមដៃ
le doigt
មុខ
le visage
ចង្កា
le menton
ដៃ
la main
ជើង
la jambe
សុដន់
la poitrine
ដៃ
le bras

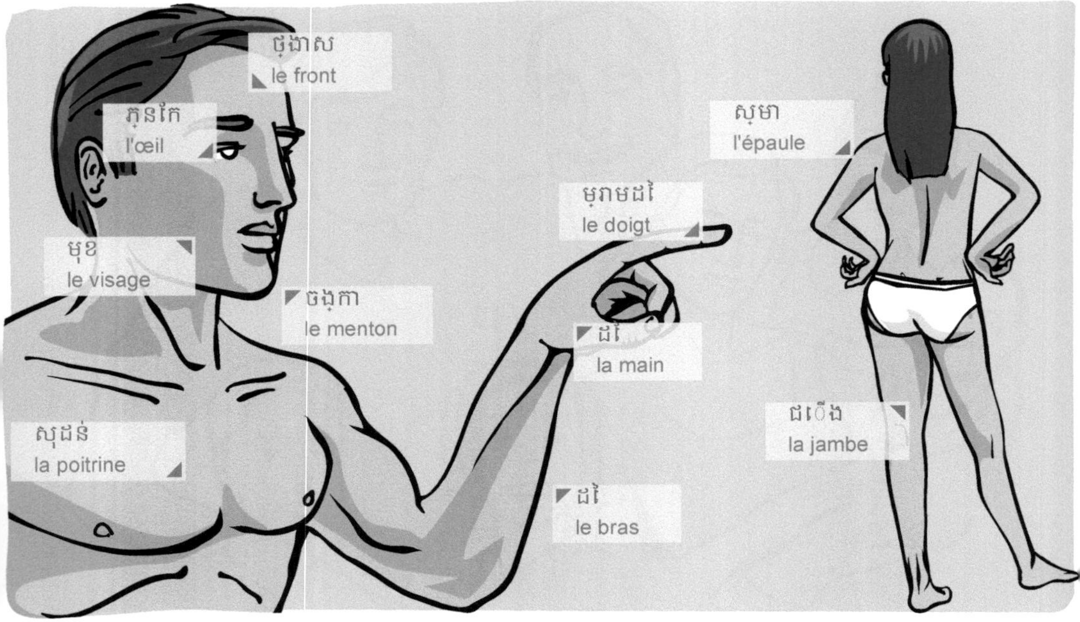

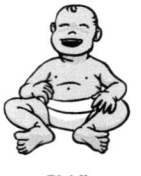

ទារក

le bébé

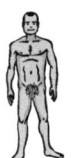

បុរស

l'homme

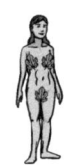

ស្ត្រី

la femme

ក្មេងស្រី

la fille

ក្មេងប្រុស

le garçon

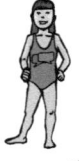

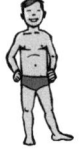

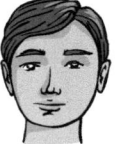

ក្បាល

la tête

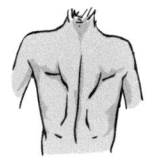

ខ្នង

le dos

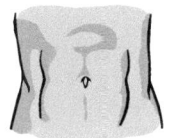

ពេាះ

le ventre

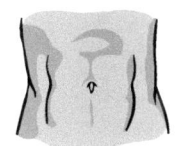

ផ្ចិត

le nombril

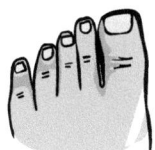

ម្រាមជេីង

l'orteil

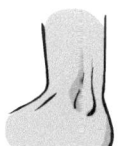

កែងជេីង

le talon

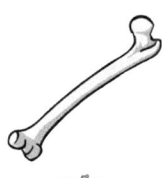

ឆ្អឹង

l'os

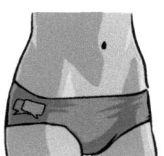

គូថគាក

la hanche

ជង្គង់

le gencu

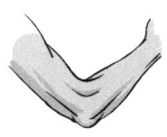

កែងជៃ

le coude

ច្រមុះ

le nez

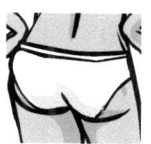

គូទ

les fesses

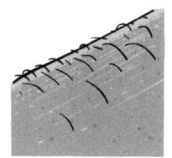

ស្បែក

la peau

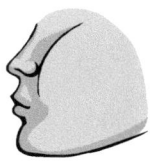

ថ្ពាល់

la joue

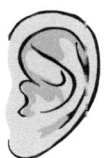

គូរចេៀក

l'oreille

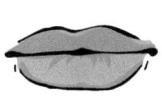

បបូរមាត់

la lèvre

មាត់

la bouche

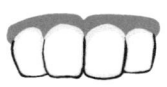

ធ្មេញ

la dent

អណ្ដាត

la langue

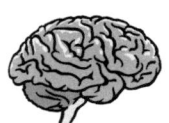

ខួរក្បាល

le cerveau

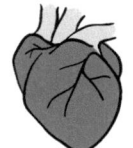

បេះដូង

le cœur

សាច់ដុំ

le muscle

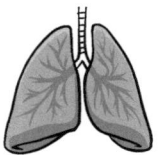

សួត

les poumons

ថ្លើម

le foie

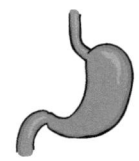

ក្រពះ

l'estomac

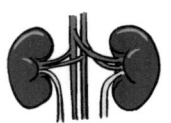

តម្រងនោម

les reins

ការរួមភេទ

le rapport sexuel

ស្រោមអនាម័យ

le préservatif

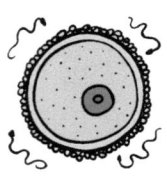

អូវុល

l'ovule

ទឹកកាម

le sperme

ការមានផ្ទៃពោះ

la grossesse

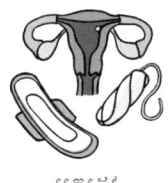

មករដូវ

la menstruation

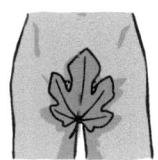

ទូវរមាស

le vagin

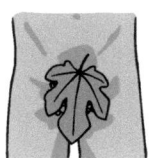

លិង្គត

le pénis

ចិញ្ចើមើ

le sourcil

les cheveux

សក់

les cheveux

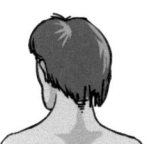

កំ

le cou

មន្ទីរពេទ្យ

l'hôpital

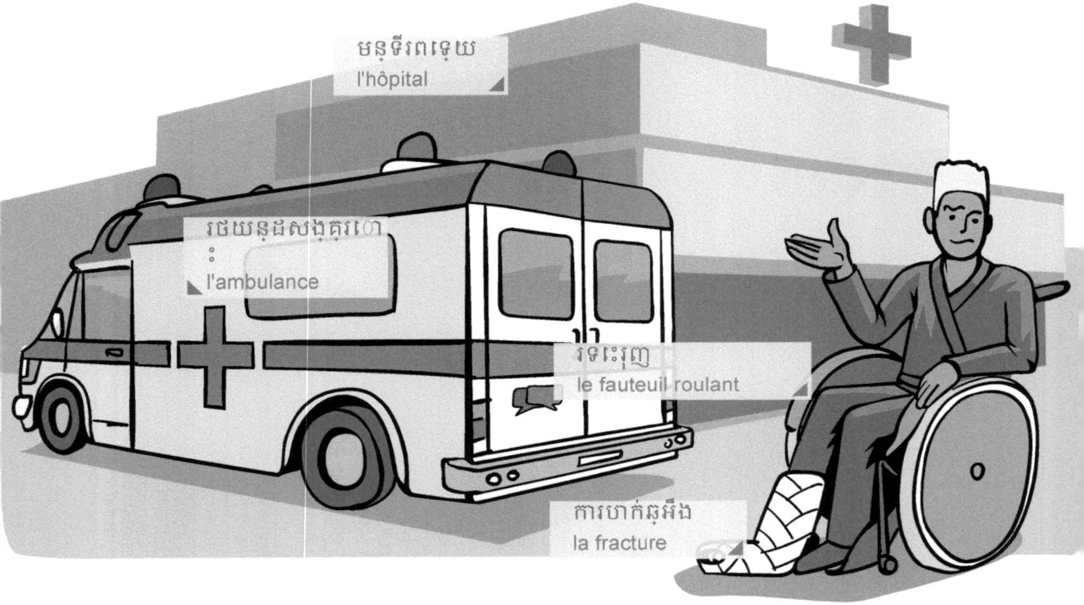

មន្ទីរពេទ្យ
l'hôpital
រថយន្តសង្គ្រោះ
l'ambulance
រទេះរុញ
le fauteuil roulant
ការបាក់ឆ្អឹង
la fracture

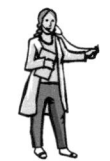

វេជ្ជបណ្ឌិត

le médecin

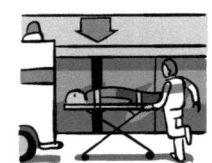

បន្ទប់សង្គ្រោះបន្ទាន់

le service des urgences

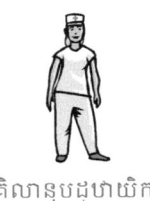

គិលានុបដ្ឋាយិកា

l'infirmière

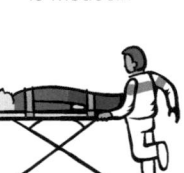

សង្គ្រោះបន្ទាន់

l'urgence

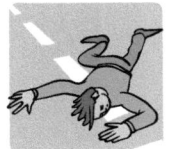

សន្លប់

inconscient

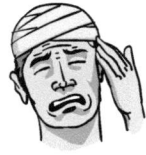

ការឈឺចាប់

la douleur

ការរងរបួស

la blessure

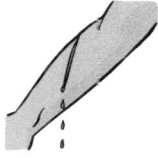

ការហូរឈាម

l'hémorragie

គាំងបេះដូង

la crise cardiaque

ជម្ងឺដាច់សរសៃឈាមក្នុង
ក្បាល

l'attaque cérébrale

អាលែកហ្សី

l'allergie

ក្អក

la toux

ជម្ងឺគ្រុន

la fièvre

ជម្ងឺផ្តាសាយ

la grippe

ជម្ងឺរាគរូស

la diarrhée

ឈឺក្បាល

le mal de tête

ជម្ងឺមហារីក

le cancer

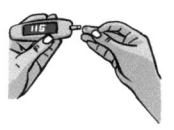

ជម្ងឺទឹកនោមផ្អែម

le diabète

គ្រូពេទ្យវះកាត់

le chirurgien

កាំបិតវះកាត់

le scalpel

បុរេគិបត្តិការ

l'opération

CT

le CT

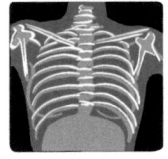

កាំរស្មីអ៊ិច

la radiographie

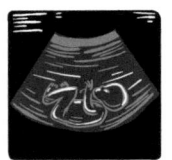

អេកូ

l'échographie

របាំងមុខ

le masque

ជំងឺ

la maladie

រង់ចាំបន្ទប់

la salle d'attente

ឈរើចុងគត់

la béquille

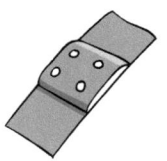

មួនាងសិលា

le pansement

បង់រុ

le pansement

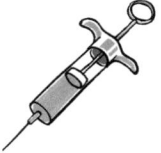

ការចាក់ថ្នាំ

l'injection

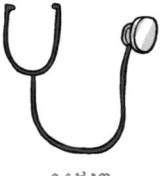

ស្តេតូស្កុប

le stéthoscope

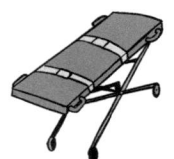

ស្នូនដៃប្រេស

le brancard

ទែម៉ូម៉ែត្ររពុយាបាល

le thermomètre

កំណើត

l'accouchement

លើសសមុងន់

la surcharge pondérale

ឧបករណ៍ជំនួយការស្ដាប់

l'appareil auditif

សារធាតុសម្លាប់មេរោគ

le désinfectant

ការឆ្លងមេរោគ

l'infection

មេរោគ

le virus

មេរោគអេដស៍ / ជំងឺអេដស៍

le VIH / le sida

ថ្នាំពេទ្យ

le médicament

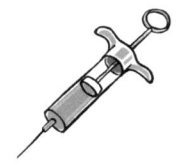

ការចាក់ថ្នាំបង្ការ

la vaccination

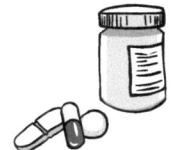

ថបេ្លិត

les comprimés

ថ្នាំគ្រាប់

la pilule

ការហៅពេលអាសន្ន

l'appel d'urgence

ឧបករណ៍ពិនិត្យសម្ពាធឈាម

le tensiomètre

ឈឺ / មានសុខភាពល្អ

malade / sain

ជំនួយ!

Au secours !

សំឡេងរោទ៍

l'alarme

ការវាយលុក

l'assaut

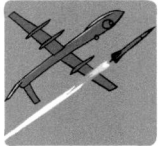

ការវាយប្រហារ

l'attaque

គ្រោះថ្នាក់

le danger

ចុកចេញគ្រោះអាសន្ន

la sortie de secours

អគ្គីភ័យ!

Au feu!

បំពង់ពន្លត់អគ្គិភ័យ

l'extincteur

គ្រោះថ្នាក់

l'accident

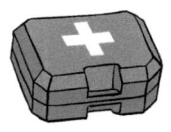

ឧបករណ៍ជំនួយបឋម

la trousse de premier
secours

SOS

SOS

ប៉ូលិស

la police

អឺរុប

l'Europe

អាមេរិកខាងជើង

l'Amérique du Nord

អាមេរិកខាងត្បូង

l'Amérique du Sud

អាហ្វ្រិក

l'Afrique

អាស៊ី

l'Asie

អូស្ត្រាលី

l'Australie

អាត្លង់ទិច

l'Océan atlantique

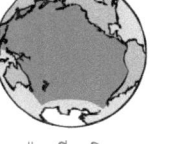

ប៉ាស៊ីហ្វិក

l'Océan pacifique

មហាសមុទ្រឥណ្ឌា

l'Océan indien

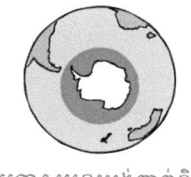

មហាសមុទ្រអង់តាក់ទិច

l'Océan antarctique

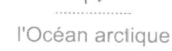

មហាសមុទ្រអាកទិច

l'Océan arctique

ប៉ូលខាងជើង

le Pôle nord

ប៉ូលខាងត្បូង

le Pôle sud

អង់តាក់ទិក

l'Antarctique

ផែនដី

la terre

ដីតរោក

le pays

សមុទ្រ

la mer

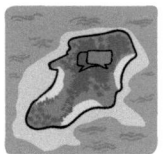

កោះ

l'île

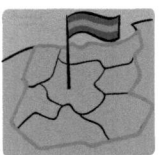

បុរទេសជាតិ

la nation

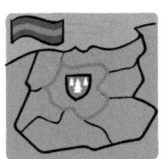

រដ្ឋ

l'état

មុខនាឡិកា

le cadran

ទ្រនិចម៉ោង

l'aiguille des heures

ទ្រនិចនាទី

l'aiguille des minutes

ទ្រនិចវិនាទី

l'aiguille des secondes

ម៉ោងប៉ុន្មាន?

Quelle heure est-il ?

ថ្ងៃ

le jour

ពេលវេលា

le temps

ឥឡូវនេះ

maintenant

នាឡិកាឌីជីថល

la montre digitale

នាទី

la minute

ម៉ោង

l'heure

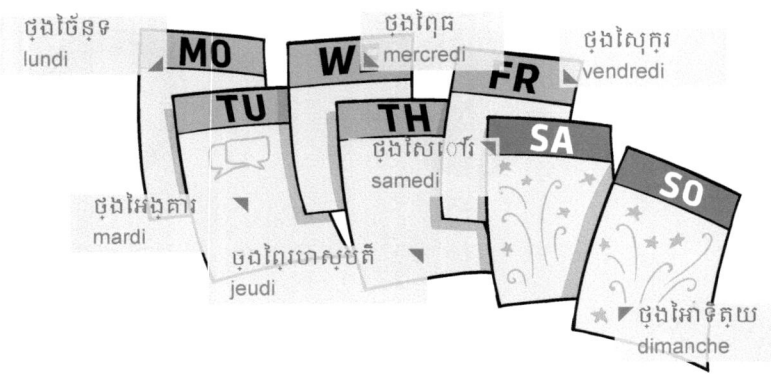

ចុងថ្ងៃចន្ទ
lundi

ចុងថ្ងៃពុធ
mercredi

ចុងថ្ងៃសុក្រ
vendredi

ចុងថ្ងៃអង្គារ
mardi

ចុងថ្ងៃព្រហស្បតិ៍
jeudi

ចុងថ្ងៃសៅរ៍
samedi

ចុងថ្ងៃអាទិត្យ
dimanche

មុសិលមិញ

hier

ចុងនេះ

aujourd'hui

ចុងថ្ងៃស្អែក

demain

ព្រឹក

le matin

ចុងថ្ងៃត្រង់

le midi

ល្ងាច

le soir

ចុងថ្ងៃរៃ្វការ

les jours ouvrables

ចុងសប្តាហ៍

le week-end

ទឹកភ្លៀងរៀង
la pluie

ពន្ធនុ
l'arc-en-ciel

ខ្យល់
le vent

ព្រិល
la neige

និទាឃរដូវ
le printemps

រដូវស្លឹកឈើជ្រុះ
l'automne

រដូវក្តៅ
l'été

រដូវរងារ
l'hiver

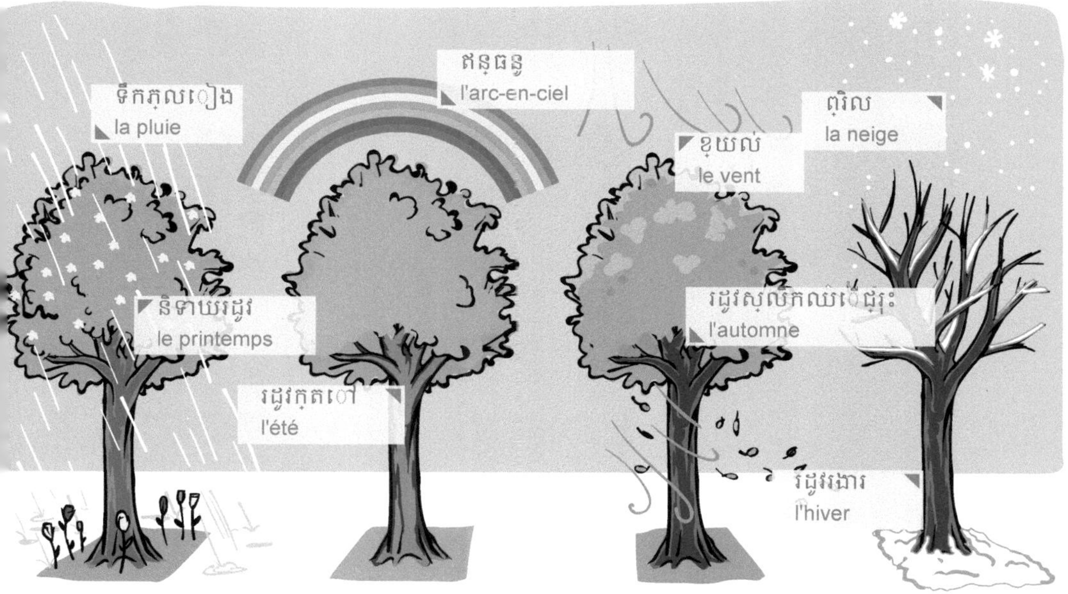

ការពេយាករណ៍អាកាសធាតុ

la météo

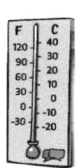

ទែម៉ូម៉ែត្រ

le thermomètre

ពន្លឺថ្ងៃ

la lumière du soleil

ពពក

le nuage

អ័ព្ទ

le brouillard

សំណើម

l'humidité

រន្ទះ

la foudre

ផ្គរ

la tonnerre

ព្យុះ

la tempête

ព្រិល

la grêle

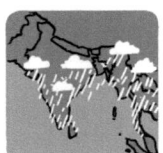

ខុយល់មួសុង

la mousson

ទឹកជំនន់

l'inondation

ទឹកកក

la glace

ខមែករ

janvier

ខកុម្ភៈ

février

ខមីនា

mars

ខមេសា

avril

ខែឧសភា

mai

ខមិថុនា

juin

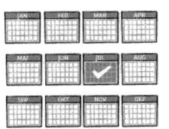

ខកក្កដា

juillet

ខសីហា

août

ខែកញ្ញា

septembre

ខែតុលា

octobre

ខែវិច្ឆិកា

novembre

ខែធ្នូ

décembre

រាង

les formes

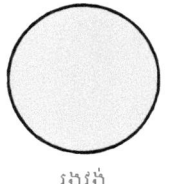

រង្វង់

le cercle

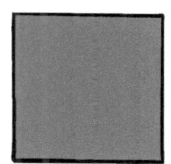

ការ៉េ

le carré

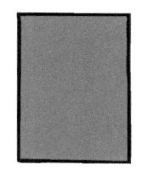

ចតុកោណកែង

le rectangle

ត្រីកោណ

le triangle

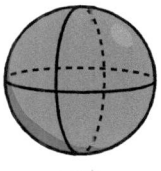

ស្វ៊ែរ

la sphère

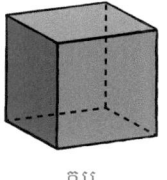

គូប

le cube

ពណ៌ស
blanc

ពណ៌លឿង
jaune

ពណ៌ទឹកក្រូច
orange

ពណ៌ផ្កាឈូក
rose

ពណ៌ក្រហម
rouge

ពណ៌ស្វាយ
violet

ពណ៌ខៀវ
bleu

ពណ៌បៃតង
vert

ពណ៌ទឹកក្រូច
marron

ពណ៌ប្រផេះ
gris

ពណ៌ខ្មៅ
noir

ចុះរេ៉ន / តិចតួច

beaucoup / peu

ខឹង / គ្រជាក់ចិត្ត

fâché / calme

សុរស់សអាត / អាក្រក់

joli / laid

ចាប់ផ្តុតេ៉ម / បញ្ចប់

le début / la fin

ធំ / តូច

grand / petit

ភ្លឺ / ងងឹត

clair / obscure

បងប្អូនប្រុស / បងប្អូនស្រី

frère / soeur

សុអាត / កខ្វរ់

propre / sale

ពញេលពញេ / មិនពញេលពញេ

complet / incomplet

ថ្ងៃ / យប់

le jour / la nuit

សុលាប់ / នេ៉វរស់

mort / vivant

ធំទូលាយ / តូចចង្អៀត

large / étroit

អាចបរិភោគតហាន /
មិនអាចបរិភោគតហាន

comestible / incomestible

ចិត្តអាក្រក់ / ចិត្តល្អ

méchant / gentil

ការរំភើប / អផ្សុក

excité / ennuyé

ធាត់ / ស្គម

gros / mince

ដំបូង / ចុងក្រោយ

le premier / le dernier

មិត្តភក្តិ / សត្រូវ

l'ami / l'ennemi

ពេញ / ទទេ

plein / vide

រឹង / ទន់

dur / souple

ធ្ងន់ / ស្រាល

lourd / léger

ភាពអត់ឃ្លាន /
ការស្រេកទឹកឃ្លាន

faim / soif

ឈឺ / មានសុខភាពល្អ

malade / sain

ខុសច្បាប់ / ត្រូវច្បាប់

illégal / légal

ឆ្លាតវៃ / ឆ្កួត

intelligent / stupide

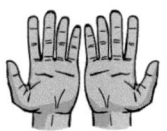

ឆ្វេង / ស្តាំ

gauche / droite

ជិត / ឆ្ងាយ

proche / loin

ថ្មី / ហានបុរេទ្រើ

nouveau / usé

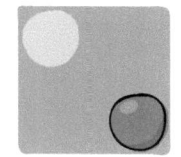

គ្មានអ្វីសោះ / អ្វីម្យ

rien / quelque chose

ចាស់ / ក្មេង

vieux / jeune

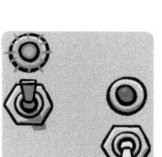

បើក / បិទ

marche / arrêt

បើក / បិទ

ouvert / fermé

ស្ងប់ស្ងាត់ / ឮខ្លាំង

faible / fort

មាន / ក្រ

riche / pauvre

ត្រូវ / ខុស

correct / incorrect

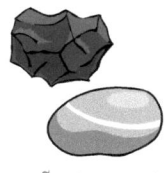

គ្រើម / លៀង

rugueux / lisse

ពិបាកចិត្ត / សប្បាយចិត្ត

triste / heureux

ខ្លី / វែង

court / long

យឺត / លឿន

lent / rapide

សើម / ស្ងួត

mouillé / sec

ក្តៅ / ត្រជាក់

chaud / froid

សង្គ្រាម / សន្តិភាព

la guerre / la paix

0

សូន្យ

zéro

1

មួយ

un / une

2

ពីរ

deux

3

បី

trois

4

បួន

quatre

5

ប្រាំ

cinq

6

ប្រាំមួយ

six

7

ប្រាំពីរ

sept

8

ប្រាំបី

huit

9

ប្រាំបួន

neuf

10

ដប់

dix

11

ដប់មួយ

onze

12

ដប់ពីរ

douze

13

ដប់បី

treize

14

ដប់បួន

quatorze

15

ដប់ប្រាំ

quinze

16

ដប់ប្រាំមួយ

seize

17

ដប់ប្រាំពីរ

dix-sept

18

ដប់ប្រាំបី

dix-huit

19

ដប់ប្រាំបួន

dix-neuf

20

ម្ភៃ

vingt

100

រយ

cent

1.000

ពាន់

mille

1.000.000

លាន

le million

អង់គ្លេស

l'anglais

អង់គ្លេសអាមេរិក

l'anglais américain

ចិនកុកឌី

le chinois mandarin

ហិណ្ឌូ

le hindi

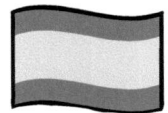

អេស្ប៉ាញ

l'espagnol

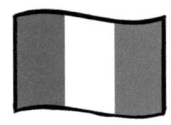

ហារាំង

le français

អារ៉ាប់

l'arabe

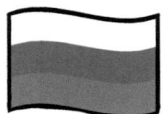

រុស្សី

le russe

ព័រទុយហ្គាល់

le portugais

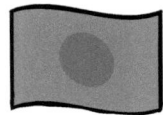

បង់កុលាដសែ

le bengali

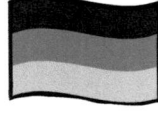

អាល្លឺម៉ង់

l'allemand

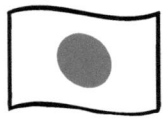

ជប៉ុន

le japonais

ខ្ញុំ

je

អ្នក

tu

គាត់ / នាង / វា

il / elle / ce, c', cela

យើង

nous

អ្នក

vous

ពួកគេហ្នឹង

ils / elles

នរណា?

Qui ?

អ្វី?

Quoi ?

របៀបណា?

Comment ?

កន្លែងណា?

Où ?

ពេលណា?

Quand ?

ឈ្មោះ

le nom

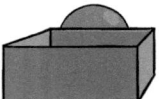

ពីក្រោយ

derrière

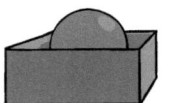

ក្នុង

dans

ពីមុខ

devant

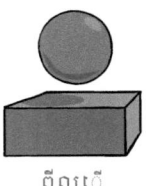

ពីលើ

au-dessus

នៅលើ

sur

នៅក្រោម

en-dessous

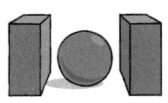

នៅក្បែរ

à côté de

រវាង

entre

កន្លែង

le lieu